Gröls Verlage

„Bücher sind wie Fallschirme. Sie nützen uns nichts, wenn wir sie nicht öffnen."

Gröls Verlag

Redaktionelle Hinweise und Impressum

Das vorliegende Werk wurde zugunsten der Authentizität sehr zurückhaltend bearbeitet. So wurden etwa ursprüngliche Rechtschreibfehler *nicht* systematisch behoben, denn kleine Unvollkommenheiten machen das Buch – wie im Übrigen den Menschen – erst authentisch. Mitunter wurden jedoch zum Beispiel Absätze behutsam neu getrennt, um den Lesefluss zu erleichtern.

Um die Texte zu rekonstruieren, werden antiquarische Bücher von Lesegeräten gescannt und dann durch eine Software lesbar gemacht. Der so entstandene Text wird von Menschen gegengelesen und korrigiert – hierbei treten auch Fehler auf. Wenn Sie ebenfalls antiquarische Texte einreichen möchten, finden Sie weitere Informationen auf www.groels.de

Viel Freude bei der Lektüre wünscht Ihnen das Team des Gröls-Verlags.

Adressen
Verleger: Sophia Gröls, Im Borngrund 26, 61440 Oberursel
Externer Dienstleister für Distribution & Herstellung: BoD, In de Tarpen 42, 22848 Norderstedt

Unsere „Edition | Kleine Klassiker" versammelt über hundert unbestrittene Klassiker der Weltliteratur in einem ästhetisch anspruchsvollen und handlichen Format.

Die Gröls-Klassiker-Editionen gehören heute mit ungefähr tausend Werken zu den größten Sammlungen klassischer Literatur im deutschen Sprachraum. Wir kultivieren und kuratieren damit einen der wertvollsten Bereiche der abendländischen Kultur. Kleine Auswahl:

Francis Bacon • Neues Organon • **Balzac** • Glanz und Elend der Kurtisanen • **Joachim H. Campe** • Robinson der Jüngere • **Dante Alighieri** • Die Göttliche Komödie • **Daniel Defoe** • Robinson Crusoe • **Charles Dickens** • Oliver Twist • **Denis Diderot** • Jacques der Fatalist • **Fjodor Dostojewski** • Schuld und Sühne • **Arthur Conan Doyle** • Der Hund von Baskerville • **Elisabeth von Österreich** • Das Poetische Tagebuch • **Friedrich Engels** • Die Lage der arbeitenden Klasse • **Ludwig Feuerbach** • Das Wesen des Christentums • **Fitzgerald** • Zärtlich ist die Nacht • **Flaubert** • Madame Bovary • **Theodor Fontane** • Effi Briest • **Robert Musil** • Über die Dummheit • **Edgar Wallace** • Der Frosch mit der Maske • **Jakob Wassermann** • Der Fall Maurizius • **Oscar Wilde** • Das Bildnis des Dorian Grey •

Mark Twain • Huckleberry Finns Abenteuer und Fahrten • **Anton Tschechow** • Die Möwe • **Ludwig Tieck** • Der gestiefelte Kater • **Feuerbach** • Das Wesen des Christentums • **Fitzgerald** • Zärtlich ist die Nacht • **Flaubert** • Madame Bovary • **Theodor Fontane** • Effi Briest • **Robert Musil** • Über die Dummheit • **Edgar Wallace** • Der Frosch mit der Maske • **Jakob Wassermann** • Der Fall Maurizius • **Oscar Wilde** • Das Bildnis des Dorian Grey • **Mark Twain** • Huckleberry Finns Abenteuer und Fahrten • **Anton Tschechow** • Die Möwe • **Ludwig Tieck** • Der gestiefelte Kater • **Jonathan Swift** • Gullivers Reisen • **Robert Louis Stevenson** • Die Schatzinsel • **William Shakespeare** • Othello • **Arthur Schopenhauer** • Die Kunst, Recht zu behalten • **Felix Salten** • Bambi • **Platon** • Der Staat • **Arthur Schnitzler** • Traumnovelle • **Friedrich Schiller** • Wilhelm Tell • **Karl May** • Winnetou • **Franz Kafka** • Der Prozeß • Platon • Verteidigungsrede • **Jules Verne** • Reise nachdem Mittelpunkt der Erde • **Leo Tolstoi** • Auferstehung • **August Strindberg** • Inferno • **Julius Stinde** • Familie Buchholz • **Wilhelm Raabe** • Die schwarze Galeere • **Friedrich Nietzsche** • Götzendämmerung • **Gotthold Ephraim Lessing** • Emilia Galotti *und viele weitere Werke….*

Richard Wagner

Tristan und Isolde

Inhalt

Personen

Tristan
König Marke
Isolde
Kurwenal
Melot
Brangräne
Ein Hirt
Ein Steuermann
Ein Seemann
Schiffsvolk, Ritter, Knappen

Erster Aufzug

Zeltartiges Gemach auf dem Vorderdeck eines Seeschiffes reich mit Teppichen behangen, beim Beginn nach dem Hintergrunde zu gänzlich geschlossen; zur Seite führt eine schmale Treppe in den Schiffsraum hinab.

Isolde auf einem Ruhebett, das Gesicht in die Kissen gedrückt. – Brangäne, einen Teppich zurückgeschlagen haltend, blickt zur Seite über Bord –.

Erste Szene

Stimme eines jungen Semannes *aus der Höhe, wie vom Mast her, vernehmbar.*

Westwärts
schweift der Blick;
ostwärts
streicht das Schiff.
Frisch weht der Wind
der Heimat zu:
mein irisch Kind,
wo weilest du?
Sind's deiner Seufzer Wehen,
die mir die Segel blähen?
Wehe, wehe, du Wind!
Weh, ach wehe, mein Kind!
Irische Maid,
du wilde, minnige Maid!

Isolde *jäh auffahrend.*

Wer wagt mich zu höhnen?

Sie blickt verstört um sich.

Brangäne, du?

Sag – wo sind wir?

Brangäne *an der Öffnung.*

Blaue Streifen
stiegen im Westen auf;
sanft und schnell
segelt das Schiff:
auf ruhiger See vor Abend
erreichen wir sicher das Land.

Isolde.

Welches Land?

Brangäne.

Kornwalls grünen Strand.

Isolde.

Nimmermehr!
Nicht heut noch morgen!

Brangäne *läßt den Vorhang zufallen und eilt bestürzt zu Isolde.*

Was hör ich! Herrin! Ha!

Isolde *wild vor sich hin.*

Entartet Geschlecht!
Unwert der Ahnen!
Wohin, Mutter,
vergabst du die Macht
über Meer und Sturm zu gebieten?

O zahme Kunst
der Zauberin,
die nur Balsamtränke noch braut!
Erwache mir wieder,
kühne Gewalt;
herauf aus dem Busen,
wo du dich bargst!
Hört meinen Willen,
zagende Winde!
Heran zu Kampf
und Wettergetös!
Zu tobender Stürme
wütendem Wirbel!
Treibt aus dem Schlaf
dies träumende Meer,
weckt aus dem Grund
seine grollende Gier!
Zeigt ihm die Beute,
die ich ihm biete!
Zerschlag es, dies trotzige Schiff,
des zerschellten Trümmer verschling's!
Und was auf ihm lebt,
den wehenden Atem,
den laß ich euch Winden zum Lohn!

Brangäne *im äußersten Schreck um Isolde sich bemühend.*
O weh!
Ach! Ach

des Übels, das ich geahnt!
Isolde Herrin!
Teures Herz!
Was bargst du mir so lang?
Nicht eine Träne
weintest du Vater und Mutter;
kaum einen Gruß
den Bleibenden botest du.
Von der Heimat scheidend
kalt und stumm,
bleich und schweigend
auf der Fahrt;
ohne Nahrung,
ohne Schlaf;
starr und elend,
wild verstört:
wie ertrug ich,
so dich sehend,
nichts dir mehr zu sein,
fremd vor dir zu stehn?
O, nun melde,
was dich müht!
Sage, künde,
was dich quält!
Herrin Isolde!
trauteste Holde!
Soll sie wert sich dir wähnen,
vertraue nun Brangänen!

Isolde.

Luft! Luft!
Mir erstickt das Herz!
Öffne! Öffne dort weit!

Brangäne zieht eilig die Vorhänge in der Mitte auseinander.

Zweite Szene

Man blickt dem Schiff entlang bis zum Steuerbord, über den Bord hinaus auf das Meer und den Horizont. Um den Hauptmast in der Mitte ist Seevolk, mit Tauen beschäftigt, gelagert; über sie hinaus gewahrt man am Steuerbord Ritter und Knappen, ebenfalls gelagert, von ihnen etwas entfernt Tristan, mit verschränkten Armen stehend und sinnend in das Meer blickend; zu Füßen ihm, nachlässig gelagert, Kurwenal. Vom Maste her, aus der Höhe, vernimmt man wieder die Stimme des jungen Seemanns.

Der junge Seemann *auf dem Maste, unsichtbar.*

Frisch weht der Wind
der Heimat zu: –
Mein irisch Kind,
wo weilest du?
Sind's deiner Seufzer Wehen,
die mir die Segel blähen?

Wehe, wehe du Wind!
Weh, ach wehe, mein Kind!

Isolde *deren Blick sogleich Tristan fand und starr auf ihn geheftet blieb, dumpf für sich.*

Mir erkoren, –
mir verloren, –
hehr und heil –
kühn und feig!
Tod geweihtes Haupt!
Tod geweihtes Herz! –

Zu Brangäne, unheimlich lachend.

Was hältst du von dem Knechte?

Brangäne *ihrem Blicke folgend.*

Wen meinst du?

Isolde.

Dort den Helden,
der meinem Blick
den seinen birgt,
in Scham und Scheue
abwärts schaut?
Sag, wie dünkt er dich?

Brangäne.

Frägst du nach Tristan,
teure Frau?
Dem Wunder aller Reiche,
dem hochgepries'nen Mann?
Dem Helden ohne Gleiche,
des Ruhmes Hort und Bann?

Isolde *sie verhöhnend.*

Der zagend vor dem Streiche
sich flüchtet, wo er kann,
weil eine Braut er als Leiche
für seinen Herrn gewann!
Dünkt es dich dunkel,
mein Gedicht?
Frag ihn denn selbst,
den freien Mann,
ob mir zu nah'n er wagt?
Der Ehren Gruß
und zücht'ge Acht
vergißt der Herrin
der zage Held,
daß ihr Blick ihn nur nicht erreiche,
den Helden ohne Gleiche!
Oh, er weiß
wohl, warum!
Zu dem Stolzen geh,
meld ihm der Herrin Wort!
Meinem Dienst bereit,
schleunig soll er mir nah'n.

Brangäne.

Soll ich ihn bitten,
dich zu grüßen?

Isolde.

Befehlen ließ
dem Eigenholde

Furcht der Herrin
ich, Isolde!

Auf Isoldes gebieterischen Wink entfernt sich Brangäne und schreitet verschämt dem Deck entlang dem Steuerbord zu, an den arbeitenden Seeleuten vorbei. Isolde, mit starrem Blicke ihr folgend, zieht sich rücklings nach dem Ruhebett zurück, wo sie sitzend während des Folgenden bleibt, das Auge unabgewandt nach dem Steuerbord gerichtet.

Kurwenal *der Brangäne kommen sieht, zupft, ohne sich zu erheben, Tristan am Gewande.*

Hab acht, Tristan!
Botschaft von Isolde.

Tristan *auffahrend.*

Was ist? – Isolde? –

Er faßt sich schnell, als Brangäne vor ihm anlangt und sich verneigt.

Von meiner Herrin? –
Ihr gehorsam
was zu hören
meldet höfisch
mir die traute Magd?

Brangäne.

Mein Herre Tristan,
dich zu sehen

wünscht Isolde,
meine Frau.

Tristan.

Grämt sie die lange Fahrt –,
die geht zu End;
eh noch die Sonne sinkt,
sind wir am Land.
Was meine Frau mir befehle,
treulich sei's erfüllt.

Brangäne.

So mög' Herr Tristan
zu ihr gehn:
das ist der Herrin Will'.

Tristan.

Wo dort die grünen Fluren
dem Blick noch blau sich färben,
harrt mein König
meiner Frau:
zu ihm sie zu geleiten,
bald nah ich mich der Lichten;
keinem gönnt ich
diese Gunst.

Brangäne.

Mein Herre Tristan,
höre wohl:
deine Dienste
will die Frau,

daß du zur Stell ihr nahtest,
dort, wo sie deiner harrt.

Tristan.

Auf jeder Stelle
wo ich steh,
getreulich dien ich ihr,
der Frauen höchster Ehr;
ließ ich das Steuer
jetzt zur Stund,
wie lenkt' ich sicher den Kiel
zu König Markes Land?

Brangäne.

Tristan, mein Herre!
Was höhnst du mich?
Dünkt dich nicht deutlich
die tör'ge Magd,
hör meiner Herrin Wort!
So hieß sie, sollt ich sagen: –
befehlen ließ
dem Eigenholde
Furcht der Herrin
sie, Isolde.

Kurwenal *aufspringend.*

Darf ich die Antwort sagen?

Tristan *ruhig.*

Was wohl erwidertest du?

Kurwenal.

Das sage sie

der Frau Isold!
Wer Kornwalls Kron
und Englands Erb
an Irlands Maid vermacht,
der kann der Magd
nicht eigen sein,
die selbst dem Ohm er schenkt.
Ein Herr der Welt
Tristan der Held!
Ich ruf's: du sag's, und grollten
mir tausend Frau Isolden!

Da Tristan durch Gebärden ihm zu wehren sucht und Brangäne entrüstet sich zum Weggehen wendet, singt Kurwenal der zögernd sich Entfernenden mit höchster Stärke nach:

»Herr Morold zog
zu Meere her,
in Kornwall Zins zu haben;
ein Eiland schwimmt
auf ödem Meer,
da liegt er nun begraben!
Sein Haupt doch hängt
im Irenland,
als Zins gezahlt
von Engeland:
hei! unser Held Tristan,
wie der Zins zahlen kann!«

Kurwenal, von Tristan fortgescholten, ist in den Schiffsraum hinabgestiegen; Brangäne, in Bestürzung zu Isolde zurückgekehrt, schließt hinter sich die Vorhänge, während die ganze Mannschaft außen sich hören läßt.

Alle Männer.

Sein Haupt doch hängt
im Irenland,
als Zins gezahlt
von Engeland:
hei! unser Held Tristan,
wie der Zins zahlen kann!

Dritte Szene

Isolde und Brangäne allein, bei vollkommen wieder geschlossenen Vorhängen. – Isolde erhebt sich mit verzweiflungsvoller Wutgebärde, Brangäne stürzt ihr zu Füßen.

Brangäne.

Weh, ach wehe!
dies zu dulden!

Isolde *dem furchtbarsten Ausbruche nahe, schnell sich zusammenraffend.*

Doch nun von Tristan!
Genau will ich's vernehmen.

Brangäne.

Ach, frage nicht!

Isolde.

Frei sag's ohne Furcht!

Brangäne.

Mit höf'schen Worten
wich er aus.

Isolde.

Doch als du deutlich mahntest?

Brangäne.

Da ich zur Stell
ihn zu dir rief –:
wo er auch steh –
so sagte er –,
getreulich dien' er ihr,
der Frauen höchster Ehr';
ließ' er das Steuer
jetzt zur Stund,
wie lenkt' er sicher den Kiel
zu König Markes Land?

Isolde *schmerzlich bitter.*

»Wie lenkt'er sicher den Kiel
zu König Markes Land« –

Grell und heftig.

Den Zins ihm auszuzahlen,
den er aus Irland zog!

Brangäne.

Auf deine eig'nen Worte,
als ich ihm die entbot,
ließ seinen Diener Kurwenal –

Isolde.

Den hab ich wohl vernommen,
kein Wort das mir entging. –
Erfuhrest du meine Schmach,
nun höre, was sie mir schuf.
Wie lachend sie
mir Lieder singen,
wohl könnt auch ich erwidern!
Von einem Kahn,
der klein und arm
an Irlands Küsten schwamm,
darinnen krank
ein siecher Mann
elend im Sterben lag.
Isoldes Kunst
ward ihm bekannt;
mit Heil-Salben
und Balsam-Saft
der Wunde, die ihn plagte,
getreulich pflag sie da. –
Der »Tantris«
mit sorgender List sich nannte,
als Tristan
Isold' ihn bald erkannte,
da in des Müß'gen Schwerte
eine Scharte sie gewahrte,
darin genau
sich fügt ein Splitter,

den einst im Haupt
des Iren-Ritter,
zum Hohn ihr heimgesandt,
mit kund'ger Hand sie fand.
Da schrie's mir auf
aus tiefstem Grund!
Mit dem hellen Schwert
ich vor ihm stund,
an ihm dem Überfrechen
Herrn Morolds Tod zu rächen. –
Von seinem Lager
blickt' er her, –
nicht auf das Schwert,
nicht auf die Hand, –
er sah mir in die Augen.
Seines Elendes
jammerte mich; –
das Schwert – ich ließ es fallen!
Die Morold schlug, die Wunde,
sie heilt' ich, daß er gesunde,
und heim nach Hause kehre –,
mit dem Blick mich nicht mehr beschwere!

Brangäne.

O Wunder! Wo hatt ich die Augen?
Der Gast, den einst
ich pflegen half?

Isolde.

Sein Lob hörtest du eben: –

»Hei! unser Held Tristan« –,
der war jener traur'ge Mann!
Er schwur mit tausend Eiden
mir ew'gen Dank und Treue!
Nun hör wie ein Held
Eide hält!
Den als Tantris
unerkannt ich entlassen,
als Tristan
kehrt er kühn zurück;
auf stolzem Schiff,
von hohem Bord,
Irlands Erbin
begehrt er zur Eh'
für Kornwalls müden König,
für Marke, seinen Ohm. –
Da Morold lebte,
wer hätt es gewagt
uns je solche Schmach zu bieten?
Für der zinspflicht'gen
Kornen Fürsten
um Irlands Krone zu werben!
Ach, wehe mir!
Ich ja war's,
die heimlich selbst
die Schmach sich schuf!
Das rächende Schwert,
statt es zu schwingen,

machtlos ließ ich's fallen!
Nun dien ich dem Vasallen!

Brangäne.

Da Friede, Sühn und Freundschaft
von Allen ward beschworen
wir freuten uns all des Tags;
wie ahnte mir da,
daß dir es Kummer schüf?

Isolde.

O blinde Augen!
Blöde Herzen!
Zahmer Mut,
verzagtes Schweigen!
Wie anders prahlte
Tristan aus,
was ich verschlossen hielt!
Die schweigend ihm
das Leben gab,
vor Feindes Rache
ihn schweigend barg;
was stumm ihr Schutz
zum Heil ihm schuf, –
mit ihr gab er es preis!
Wie Sieg-prangend
heil und hehr,
laut und hell
wies er auf mich.
»Das wär' ein Schatz,

mein Herr und Ohm;
wie dünkt euch die zur Eh'?
Die schmucke Irin
hol ich her;
mit Steg und Wegen
wohlbekannt,
ein Wink, ich flieg
nach Irenland;
Isolde, die ist euer! –
mir lacht das Abenteuer!«
Fluch dir Verruchter!
Fluch deinem Haupt!
Rache! Tod!
Tod uns Beiden!

Brangäne *mit ungestümer Zärtlichkeit sich auf Isolde stürzend.*
O Süße! Traute!
Teure! Holde!
Gold'ne Herrin!
Lieb' Isolde!

Sie zieht Isolde allmählich nach dem Ruhebett.

Hör mich! Komme!
Setz dich her!
Welcher Wahn!
Welch eitles Zürnen!
Wie magst du dich betören,
nicht hell zu seh'n noch hören?
Was je Herr Tristan

dir verdankte,
sag, konnt er's höher lohnen,
als mit der herrlichsten der Kronen?
So dient' er treu
dem edlen Ohm;
dir gab er der Welt
begehrlichsten Lohn:
dem eig'nen Erbe,
ächt und edel,
entsagt er zu deinen Füßen,
als Königin dich zu grüßen!

Isolde wendet sich ab.

Und warb er Marke
dir zum Gemahl,
wie wolltest du die Wahl doch schelten,
muß er nicht wert dir gelten?
Von edler Art
und mildem Mut,
wer gliche dem Mann
an Macht und Glanz?
Dem ein hehrster Held
so treulich dient,
wer möchte sein Glück nicht teilen,
als Gattin bei ihm weilen?

Isolde *starr vor sich hinblickend.*

Ungeminnt
den hehrsten Mann

stets mir nah zu sehen –!
wie könnt' ich die Qual bestehen?

Brangäne.

Was meinst du, Arge?
Ungeminnt? –

Sie nähert sich schmeichelnd und kosend Isolden.

Wo lebte der Mann,
der dich nicht liebte?
Der Isolden säh,
und in Isolden
selig nicht ganz verging?
Doch, der dir erkoren,
wär er so kalt,
zög ihn von dir
ein Zauber ab:
den bösen wüßt ich
bald zu binden,
ihn bannte der Minne Macht.

Mit geheimnisvoller Zutraulichkeit ganz nah zu Isolden.

Kennst du der Mutter
Künste nicht?
Wähnst du, die Alles
klug erwägt,
ohne Rat in fremdes Land
hätt sie mit dir mich entsandt?

Isolde *düster.*

Der Mutter Rat
gemahnt mich recht;
willkommen preis ich
ihre Kunst: –
Rache für den Verrat, –
Ruh in der Not dem Herzen! –
Den Schrein dort bring mir her!

Brangäne.
Er birgt, was Heil dir frommt.
Sie holt eine kleine gold'ne Truhe herbei, öffnet sie und deutet auf ihren Inhalt.
So reihte sie die Mutter,
die mächt'gen Zaubertränke.
Für Weh und Wunden
Balsam hier;
für böse Gifte
Gegen-Gift.
Sie zieht ein Fläschchen hervor.
Den hehrsten Trank,
ich halt ihn hier.

Isolde.
Du irrst, ich kenn ihn besser;
ein starkes Zeichen
schnitt ich ihm ein.
Sie ergreift ein Fläschchen und zeigt es.
Der Trank ist's, der mir frommt.

Sie hat sich vom Ruhebett erhoben und vernimmt mit wachsendem Schrecken den Ruf des Schiffsvolkes.

Brangäne.

Der Todestrank!

Sie weicht entsetzt zurück.

Schiffsvolk *außen.*

Ho! he! ha! he!
Am Untermast
die Segel ein!
Ho! he! ha! he!

Isolde.

Das deutet schnelle Fahrt!
Weh mir! Nahe das Land!

Vierte Szene

Durch die Vorhänge tritt mit Ungestüm Kurwenal herein.

Kurwenal.

Auf! Auf! Ihr Frauen!
Frisch und froh!
Rasch gerüstet!
Fertig nun, hurtig und flink!

Gemessener.

Und Frau Isolden
sollt ich sagen
von Held Tristan,
meinem Herrn:
Vom Mast der Freude Flagge,

sie wehe lustig ins Land;
in Markes Königschlosse
mach' sie ihr Nah'n bekannt.
Drum Frau Isolde
bät' er eilen,
fürs Land sich zu bereiten,
daß er sie könnt geleiten.

Isolde *nachdem sie zuerst bei der Meldung in Schauer zusammengefahren, gefaßt und mit Würde.*

Herrn Tristan bringe
meinen Gruß,
und meld ihm, was ich sage.
Sollt ich zur Seit ihm gehen,
vor König Marke zu stehen,
nicht möcht es nach Zucht
und Fug geschehn,
empfing ich Sühne
nicht zuvor
für ungesühnte Schuld: –
drum such er meine Huld.

Kurwenal macht eine trotzige Gebärde. Mit Steigerung.

Du merke wohl,
und meld es gut!
Nicht wollt ich mich bereiten,
ans Land ihn zu begleiten;
nicht werd ich zur Seit ihm gehen,

vor König Marke zu stehen;
begehrte Vergessen
und Vergeben
nach Zucht und Fug
er nicht zuvor –
für ungebüßte Schuld: –
die böt ihm meine Huld.

Kurwenal.

Sicher wißt,
das sag ich ihm;
nun harrt, wie er mich hört!

Er geht schnell zurück. Isolde eilt auf Brangäne zu und umarmt sie heftig.

Isolde.

Nun leb wohl, Brangäne!
Grüß mir die Welt,
grüße mir Vater und Mutter!

Brangäne.

Was ist? Was sinnst du?
Wolltest du fliehn?
Wohin soll ich dir folgen?

Isolde *faßt sich schnell.*

Hörtest du nicht?
Hier bleib ich,
Tristan will ich erwarten.
Getreu befolg,
was ich befehl,
den Sühnetrank

rüste schnell;
du weißt, den ich dich wies?

Sie entnimmt dem Schrein das Fläschchen.

Brangäne.
Und welchen Trank?

Isolde.
Diesen Trank!
In die gold'ne Schale
gieß ihn aus;
gefüllt faßt sie ihn ganz.

Brangäne *voll Grausen das Fläschchen empfangend.*
Trau ich dem Sinn?

Isolde.
Sei du mir treu!

Brangäne.
Der Trank – für wen?

Isolde.
Wer mich betrog.

Brangäne.
Tristan?

Isolde.
Trinke mir Sühne!

Brangäne *zu Isoldes Füßen stürzend.*
Entsetzen! Schone mich Arme!

Isolde *sehr heftig.*
Schone du mich,
untreue Magd!

Kennst du der Mutter
Künste nicht?
Wähnst du, die Alles
klug erwägt, –
ohne Rat in fremdes Land
hätt sie mit dir mich entsandt?
Für Weh und Wunden
gab sie Balsam,
für böse Gifte
Gegen-Gift: –
für tiefstes Weh, –
für höchstes Leid –
gab sie den Todestrank. –
Der Tod nun sag ihr Dank!

Brangäne *kaum ihrer mächtig.*

O tiefstes Weh!

Isolde.

Gehorchst du mir nun?

Brangäne.

O höchstes Leid!

Isolde.

Bist du mir treu?

Brangäne.

Der Trank? –

Kurwenal *eintretend.*

Herr Tristan!

Brangäne erhebt sich erschrocken und verwirrt. Isolde sucht mit furchtbarer Anstrengung sich zu fassen.

Isolde *zu Kurwenal.*

Herr Tristan trete nah.

Fünfte Szene

Kurwenal geht wieder zurück. Brangäne, kaum ihrer mächtig, wendet sich in den Hintergrund. Isolde, ihr ganzes Gefühl zur Entscheidung zusammenfassend, schreitet langsam, mit großer Haltung, dem Ruhebett zu, auf dessen Kopfende sich stützend, sie den Blick fest dem Eingange zuwendet. – Tristan tritt ein und bleibt ehrerbietig am Eingang stehen. – Isolde ist mit furchtbarer Aufregung in seinen Anblick versunken.

Tristan.

Begehrt, Herrin,
was Ihr wünscht.

Isolde.

Wüßtest du nicht,
was ich begehre,
da doch die Furcht,
mir's zu erfüllen,
fern meinem Blick dich hielt?

Tristan.

Ehrfurcht
hielt mich in Acht.

Isolde.

Der Ehre wenig
botest du mir;
mit offnem Hohn
verwehrtest du
Gehorsam meinem Gebot.

Tristan.

Gehorsam einzig
hielt mich in Bann.

Isolde.

So dankt ich Geringes
deinem Herrn,
riet dir sein Dienst
Unsitte
gegen sein eigen Gemahl?

Tristan.

Sitte lehrt,
wo ich gelebt:
zur Brautfahrt
der Brautwerber
meide fern die Braut.

Isolde.

Aus welcher Sorg?

Tristan.

Fragt die Sitte!

Isolde.

Da du so sittsam,
mein Herr Tristan,

auch einer Sitte
sei nun gemahnt:
den Feind dir zu sühnen,
soll er als Freund dich rühmen.

Tristan.

Und welchen Feind?

Isolde.

Frag deine Furcht!
Blutschuld
schwebt zwischen uns.

Tristan.

Die ward gesühnt.

Isolde.

Nicht zwischen uns!

Tristan.

Im offnen Feld
von allem Volk
ward Urfehde geschworen.

Isolde.

Nicht da war's,
wo ich Tantris barg,
wo Tristan mir verfiel.
Da stand er herrlich,
hehr und heil;
doch was er schwur,
das schwur ich nicht: –
zu schweigen hatt' ich gelernt.
Da in stiller Kammer

krank er lag,
mit dem Schwerte stumm
ich vor ihm stund:
schwieg da mein Mund,
bannt ich meine Hand, –
doch was einst mit Hand
und Mund ich gelobt,
das schwur ich schweigend zu halten.
Nun will ich des Eides walten.

Tristan.

Was schwurt Ihr, Frau?

Isolde.

Rache für Morold!

Tristan.

Müht Euch die?

Isolde.

Wagst du zu höhnen?
Angelobt war er mir,
der hehre Irenheld;
seine Waffen hatt ich geweiht;
für mich zog er zum Streit.
Da er gefallen,
fiel meine Ehr: –
in des Herzens Schwere
schwur ich den Eid,
würd ein Mann den Mord nicht sühnen,
wollt ich Magd mich des erkühnen.
Siech und matt

in meiner Macht, –
warum ich dich da nicht schlug?
Das sag dir selbst mit leichtem Fug.
Ich pflag des Wunden,
daß den Heilgesunden
rächend schlüge der Mann,
der Isolden ihm abgewann.
Dein Los nun selber
magst du dir sagen!
Da die Männer sich all ihm vertragen,
wer muß nun Tristan schlagen?

Tristan *bleich und düster.*

War Morold dir so wert,
nun wieder nimm das Schwert,
und führ es sicher und fest, –
daß du nicht dir's entfallen läßt!

Er reicht ihr sein Schwert dar.

Isolde.

Wie sorgt' ich schlecht
um deinen Herren;
was würde König
Marke sagen,
erschlüg ich ihm
den besten Knecht,
der Kron und Land ihm gewann,
den allertreusten Mann?
Dünkt dich so wenig,
was er dir dankt,

bringst du die Irin
ihm als Braut,
daß er nicht schölte,
schlüg ich den Werber,
der Urfehde-Pfand
so treu ihm liefert zur Hand?
Wahre dein Schwert!
Da einst ich's schwang,
als mir die Rache
im Busen rang: –
als dein messender Blick
mein Bild sich stahl,
ob ich Herrn Marke
taug als Gemahl: –
das Schwert – da ließ ich's sinken.
Nun laß uns Sühne trinken!

Sie winkt Brangänen. Diese schaudert zusammen, schwankt und zögert in ihrer Bewegung. Isolde treibt sie mit gesteigerter Gebärde an. Brangäne läßt sich zur Bereitung des Trankes an.

Stimmen des Schiffsvolks *außen.*

Ho – he – ha – he!
Am Obermast
die Segel ein!
Ho – ha – ha – he!

Tristan *aus düstrem Brüten auffahrend.*

Wo sind wir?

Isolde.
Hart am Ziel!
Tristan, gewinn ich Sühne?
Was hast du mir zu sagen?
Tristan *finster.*
Des Schweigens Herrin
heißt mich schweigen: –
faß ich, was sie verschwieg,
verschweig ich, was sie nicht faßt.
Isolde.
Dein Schweigen faß ich,
weichst du mir aus.
Weigerst du die Sühne mir?
Schiffsvolk *außen.*
Ho – he – ha – he!
Auf Isoldes ungeduldigen Wink reicht Brangäne ihr die gefüllte Trinkschale.
Isolde *mit dem Becher zu Tristan tretend, der ihr starr in die Augen blickt.*
Du hörst den Ruf?
Wir sind am Ziel: –
in kurzer Frist
Mit leisem Hohne.
stehn wir – vor König Marke.
Geleitest du mich,
dünkt dich's nicht lieb,
darfst du so ihm sagen? –
»Mein Herr und Ohm,

sieh die dir an:
ein sanftres Weib
gewännst du nie.
Ihren Angelobten
erschlug ich ihr einst,
sein Haupt sandt ich ihr heim;
die Wunde, die
seine Wehr mir schuf,
die hat sie hold geheilt;
mein Leben lag
in ihrer Macht –:
das schenkte mir
die milde Magd,
und ihres Landes
Schand und Schmach,
die gab sie mir darein, –
dein Eh'gemahl zu sein.
So guter Gaben
holden Dank
schuf mir ein süßer
Sühnetrank;
den bot mir ihre Huld,
zu sühnen alle Schuld.«

Schiffsvolk *außen.*

Auf das Tau!
Anker los!

Tristan *wild auffahrend.*

Los den Anker!

Das Steuer dem Strom!
Den Winden Segel und Mast! –

Er entreißt ihr die Trinkschale.

Wohl kenn ich Irlands
Königin
und ihrer Künste
Wunderkraft.
Den Balsam nützt ich,
den sie bot:
den Becher nehm ich nun,
daß ganz ich heut genese.
Und achte auch
des Sühne-Eids,
den ich zum Dank dir sage –!
Tristans Ehre –
höchste Treu'!
Tristans Elend –
kühnster Trotz!
Trug des Herzens!
Traum der Ahnung!
Ew'ger Trauer
einz'ger Trost:
Vergessens güt'ger Trank, –
dich trink ich sonder Wank!

Er setzt an und trinkt.

Isolde.

Betrug auch hier?
Mein die Hälfte!

Sie entwindet ihm den Becher.
Verräter! Ich trink sie dir!
Sie trinkt. Dann wirft sie die Schale fort. – Beide, von Schauer erfaßt, blicken sich mit höchster Aufregung, doch mit starrer Haltung unverwandt in die Augen, in deren Ausdruck der Todestrotz bald der Liebesglut weicht. – Zittern ergreift sie. Sie fassen sich krampfhaft an das Herz – und führen die Hand wieder an die Stirn. – Dann suchen sie sich wieder mit dem Blick, senken ihn verwirrt und heften ihn wieder mit steigender Sehnsucht aufeinander.

Isolde *mit bebender Stimme.*
Tristan!

Tristan *überströmend.*
Isolde!

Isolde *an seine Brust sinkend.*
Treuloser Holder!

Tristan *er umfaßt sie mit Glut.*
Seligste Frau!

Sie verbleiben in stummer Umarmung. Aus der Ferne vernimmt man Trompeten.

Ruf der Männer *von außen auf dem Schiffe.*
Heil! König Marke Heil!

Brangäne *die, mit abgewandtem Gesicht, voll Verwirrung und Schauder sich über den Bord gelehnt hatte, wendet sich jetzt dem*

Anblick des in Liebesumarmung versunkenen Paares zu und stürzt händeringend voll Verzweiflung in den Vordergrund.

Wehe! Weh!

Unabwendbar
ew'ge Not
für kurzen Tod!
Tör'ger Treue
trugvolles Werk
blüht nun jammernd empor!

Beide fahren verwirrt aus der Umarmung auf.

Tristan.

Was träumte mir
von Tristans Ehre?

Isolde.

Was träumte mir
von Isoldes Schmach?

Tristan.

Du mir verloren?

Isolde.

Du mich verstoßen?

Tristan.

Trügenden Zaubers
tückische List!

Isolde.

Törigen Zürnens
eitles Dräu'n!

Tristan.
Isolde!
Isolde.
Tristan!
Tristan.
Süßeste Maid!
Isolde.
Trautester Mann!
Beide.
Wie sich die Herzen
wogend erheben,
wie alle Sinne
wonnig erbeben!
Sehnender Minne
schwellendes Blühen,
schmachtender Liebe
seliges Glühen!
Jach in der Brust
jauchzende Lust!
Isolde! Tristan!
Welten-entronnen,
du mir gewonnen!
Du mir einzig bewußt,
höchste Liebeslust!

Die Vorhänge werden weit auseinander gerissen; das ganze Schiff ist mit Rittern und Schiffsvolk bedeckt, die jubelnd über Bord winken, dem Ufer zu, das man, mit einer hohen Felsenburg gekrönt, nahe erblickt. – Tristan und Isolde bleiben, in ihren gegenseitigen Anblick verloren, ohne Wahrnehmung des um sie Vorgehenden.

Brangäne *zu den Frauen, die auf ihren Wink aus dem Schiffsraum heraufsteigen.*

Schnell, den Mantel,
den Königsschmuck!

Zwischen Tristan und Isolde stürzend.

Unsel'ge! Auf!
Hört, wo wir sind!

Sie legt Isolden, die es nicht gewahrt, den Königsmantel an.

Alle Männer *auf dem Schiff.*

Heil! Heil! Heil!
König Marke Heil!
Heil dem König!

Kurwenal *lebhaft herantretend.*

Heil Tristan!
Glücklicher Held!
Mit reichem Hofgesinde
dort auf Nachen
naht Herr Marke.
Hei! wie die Fahrt ihn freut,
daß er die Braut sich freit!

Tristan *in Verwirrung aufblickend.*

Wer naht?

Kurwenal.

Der König!

Tristan.

Welcher König?

Kurwenal deutet über Bord.

Alle Männer *die Hüte schwenkend.*

Heil! König Marke
Heil!

Tristan starrt wie sinnlos nach dem Lande.

Isolde *in Verwirrung.*

Was ist, Brangäne?
Welcher Ruf?

Brangäne.

Isolde! Herrin!
Fassung nur heut!

Isolde.

Wo bin ich? Leb ich?
Ha! welcher Trank?

Brangäne *verzweiflungsvoll.*

Der Liebestrank!

Isolde *starrt entsetzt auf Tristan.*

Tristan!

Tristan.

Isolde!

Isolde.

Muß ich leben?

Sie stürzt ohnmächtig an seine Brust.

Brangäne *zu den Frauen.*

Helft der Herrin!

Tristan.

O Wonne voller Tücke!
O Trug – geweihtes Glücke!

Alle Männer *Ausbruch allgemeinen Jauchzens.*

Kornwall Heil!

Trompeten vom Lande her.

Leute sind über Bord gestiegen, andere haben eine Brücke ausgelegt, und die Haltung Aller deutet auf die soeben bevorstehende Ankunft der Erwarteten. Der Vorhang fällt schnell.

Zweiter Aufzug

Erste Szene

Garten mit hohen Bäumen vor dem Gemach Isoldes, zu welchem, seitwärts gelegen, Stufen hinaufführen. Helle, anmutige Sommernacht. An der geöffneten Türe ist eine brennende Fackel aufgesteckt. -

Jagdgetön. Brangäne, auf den Stufen am Gemach, späht dem immer entfernter vernehmbaren Jagdtrosse nach. – Brangäne blickt ängstlich in das Gemach zurück, darin sie Isolde nahen sieht. – Isolde tritt feurig bewegt aus dem Gemach zu Brangäne.

Isolde.

Hörst du sie noch?
Mir schwand schon fern der Klang.

Brangäne *lauschend.*

Noch sind sie nah; –
deutlich tönt's da her.

Isolde *lauschend.*

Sorgende Furcht
beirrt dein Ohr.
Dich täuscht des Laubes
säuselnd Getön,
das lachend schüttelt der Wind.

Brangäne.

Dich täuscht des Wunsches
Ungestüm,
zu vernehmen, was du wähnst.

Sie lauscht.

Ich höre der Hörner Schall.

Isolde *wieder lauschend.*

Nicht Hörnerschall
tönt so hold,
des Quelles sanft
rieselnde Welle
rauscht so wonnig daher.
Wie hört' ich sie,
tosten noch Hörner?

In schweigender Nacht
nur lacht mir der Quell.
Der meiner harrt
in schweigender Nacht,
als ob Hörner noch nah dir schallten,
willst du ihn fern mir halten?

Brangäne.

Der deiner harrt, –
o hör mein Flehen! –
des harren Späher zur Nacht.
Weil du erblindet,
wähnst du den Blick
der Welt erblödet für euch?
Als dort an Schiffes Bord,
von Tristans bebender Hand,
die bleiche Braut,
kaum ihrer mächtig,
König Marke empfing;
als Alles verwirrt
auf die Wankende sah,
der güt'ge König,
mild besorgt,
die Mühen der langen Fahrt,
die du littest, laut beklagt: –
ein Einz'ger war's,
ich achtet' es wohl,
der nur Tristan faßt' ins Auge.
Mit böslicher List

lauerndem Blick
sucht' er in seiner Miene
zu finden, was ihm diene.
Tückisch lauschend
treff ich ihn oft: –
der heimlich euch umgarnt,
vor Melot seid gewarnt.

Isolde.

Meinst du Herrn Melot?
O, wie du dich trügst!
Ist er nicht Tristans
treuester Freund?
Muß mein Trauter mich meiden,
dann weilt er bei Melot allein.

Brangäne.

Was mir ihn verdächtig,
macht dir ihn teuer!
Von Tristan zu Marke
ist Melots Weg;
dort sät er üble Saat.
die heut im Rat
dies nächtliche Jagen
so eilig schnell beschlossen,
einem edlern Wild,
als dein Wähnen meint,
gilt ihre Jägerslist.

Isolde.

Dem Freund zulieb

erfand diese List
aus Mitleid
Melot, der Freund.
Nun willst du den Treuen schelten?
Besser als du
sorgt er für mich;
ihm öffnet er,
was mir du sperrst.
O spare mir des Zögerns Not!
Das Zeichen, Brangäne!
O gib das Zeichen!
Lösche des Lichtes
letzten Schein!
Daß ganz sie sich neige,
winke der Nacht.
Schon goß sie ihr Schweigen
durch Hain und Haus,
schon füllt sie das Herz
mit wonnigem Graus.
O lösche das Licht nun aus,
lösche den scheuchenden Schein!
Laß meinen Liebsten ein!

Brangäne.

O laß die warnende Zünde,
laß die Gefahr sie dir zeigen! –
O wehe! Wehe!
Ach mir Armen!
Des unseligen Trankes! –

Daß ich untreu
einmal nur
der Herrin Willen trog!
Gehorcht' ich taub und blind,
dein Werk
war dann der Tod.
Doch, deine Schmach,
deine schmählichste Not, –
mein Werk
muß ich Schuld'ge es wissen!

Isolde.

Dein Werk?
O tör'ge Magd!
Frau Minne kenntest du nicht?
Nicht ihres Zaubers Macht?
Des kühnsten Mutes
Königin?
Des Weltenwerdens
Walterin?
Leben und Tod
sind untertan ihr,
die sie webt aus Lust und Leid,
in Liebe wandelnd den Neid.
Des Todes Werk,
nahm ich's vermessen zur Hand, –
Frau Minne hat es
meiner Macht entwandt.
Die Todgeweihte

nahm sie in Pfand,
faßte das Werk
in ihre Hand.
Wie sie es wendet,
wie sie es endet,
was sie mir küre,
wohin mich führe:
ihr ward ich zu eigen.
Nun laß mich Gehorsam zeigen.

Brangäne.

Und mußte der Minne
tückischer Trank
des Sinnes Licht dir verlöschen;
darfst du nicht sehen
wenn ich dich warne:
nur heute hör,
o hör mein Flehen!
Der Gefahr leuchtendes Licht,
nur heute, heut,
die Fackel dort lösche nicht!

Isolde.

Die im Busen mir
die Glut entfacht,
die mir das Herze
brennen macht,
die mir als Tag
der Seele lacht, –
Frau Minne will:

es werde Nacht,
daß hell sie dorten leuchte,
Während sie auf die Fackel zueilt.
wo sie dein Licht verscheuchte.
Sie nimmt die Fackel von der Tür.
Zur Warte du:
dort wache treu!
Die Leuchte, –
und wär's meines Lebens Licht, –
lachend
sie zu löschen zag ich nicht!
Sie wirft die Fackel zur Erde, wo sie allmählich verlischt Brangäne wendet sich bestürzt ab, um auf einer äußeren Treppe die Zinne zu ersteigen, wo sie langsam verschwindet. – Isolde lauscht und späht, zunächst schüchtern, in einen Baumgang. Von wachsendem Verlangen bewegt, schreitet sie dem Baumgang näher und späht zuversichtlicher. Sie winkt mit dem Tuche, erst seltener, dann häufiger, und endlich, in leidenschaftlicher Ungeduld, immer schneller. Eine Gebärde des plötzlichen Entzückens sagt, daß sie den Freund in der Ferne gewahr geworden. Sie streckt sich höher und, um besser den Raum zu übersehen, eilt sie zur Treppe zurück, von

deren oberster Stufe aus sie dem Herannahenden zuwinkt.

Zweite Szene

Jetzt springt sie ihm entgegen.

Tristan *stürzt herein.*

Isolde! Geliebte!

Isolde.

Tristan! Geliebter!

Stürmische Umarmungen Beider, unter denen sie in den Vordergrund gelangen.

Bist du mein?

Tristan.

Hab ich dich wieder?

Isolde.

Darf ich dich fassen?

Tristan.

Kann ich mir trauen?

Isolde.

Endlich! Endlich!

Tristan.

An meiner Brust!

Isolde.

Fühl ich dich wirklich?

Tristan.

Seh ich dich selber?

Isolde.

Dies deine Augen?

Tristan.

Dies dein Mund?

Isolde.

Hier deine Hand?

Tristan.

Hier dein Herz?

Isolde.

Bin ich's? Bist du's?
Halt ich dich fest?

Tristan.

Bin ich's? Bist du's?
Ist es kein Trug?

Beide.

Ist es kein Traum?
O Wonne der Seele,
o süße, hehrste,
kühnste, schönste,
seligste Lust!

Tristan.

Ohne Gleiche!

Isolde.

Überreiche!

Tristan.

Überselig!

Isolde.

Ewig!

Tristan.

Ewig!

Isolde.

Ungeahnte,
nie gekannte!

Tristan.

Überschwenglich
hoch erhab'ne!

Isolde.

Freudejauchzen!

Tristan.

Lustentzücken!

Beide.

**Himmelhöchstes
Weltentrücken!
Mein!**

Isolde.

Tristan mein!

Tristan.

Isolde mein!

Beide.

Mein und dein!

Isolde.

Ewig! Tristan mein,
Isolde ewig dein!

Tristan.

Ewig, Isolde mein

Beide.

Ewig, ewig ein!

Isolde.

Wie lange fern!
Wie fern so lang!

Tristan.

Wie weit, so nah!
So nah, wie weit!

Isolde.

O Freundesfeindin,
böse Ferne!
Träger Zeiten
zögernde Länge!

Tristan.

O Weit und Nähe!
Hart entzweite!
Holde Nähe!
Öde Weite!

Isolde.

Im Dunkel du,
im Lichte ich!

Tristan.

Das Licht! Das Licht!
Oh, dieses Licht,
wie lang verlosch es nicht!
Die Sonne sank,
der Tag verging,
doch seinen Neid
erstickt er nicht:
sein scheuchend Zeichen

zündet er an,
und steckt's an der Liebsten Türe,
daß nicht ich zu ihr führe.

Isolde.

Doch der Liebsten Hand
löschte das Licht;
wes die Magd sich wehrte,
scheut ich mich nicht:
in Frau Minnes Macht und Schutz
bot ich dem Tage Trutz!

Tristan.

Dem Tage! Dem Tage!
Dem tückischen Tage,
dem härtesten Feinde
Haß und Klage!
Wie du das Licht,
o könnt ich die Leuchte,
der Liebe Leiden zu rächen,
dem frechen Tage verlöschen!
Gibt's eine Not,
gibt's eine Pein,
die er nicht weckt
mit seinem Schein?
Selbst in der Nacht
dämmernder Pracht
hegt' ihn Liebchen am Haus,
streckt mir drohend ihn aus!

Isolde.

Hegt' ihn die Liebste
am eig'nen Haus,
im eig'nen Herzen
hell und kraus
hegt ihn trotzig
einst mein Trauter:
Tristan, – der mich verriet!
War's nicht der Tag,
der aus ihm log,
als er nach Irland
werbend zog,
für Marke mich zu frein,
dem Tod die Treue zu weihn?

Tristan.

Der Tag! Der Tag,
der dich umgliß,
dahin, wo sie
der Sonne glich,
in höchster Ehren
Glanz und Licht
Isolden mir entrückt!
Was mir das Auge
so entzückt':
das Herze tief
zur Erde drückt':
in lichten Tages Schein
wie war Isolde mein?

Isolde.

War sie nicht dein,
die dich erkor?
Was log der böse
Tag dir vor,
daß, die für dich beschieden,
die Traute du verrietest?

Tristan.

Was dich umgliß
mit hehrster Pracht,
der Ehre Glanz,
des Ruhmes Macht,
an sie mein Herz zu hangen
hielt mich der Wahn gefangen.
Die mit des Schimmers
hellstem Schein
mir Haupt und Scheitel
licht beschien,
der Welten-Ehren
Tages-Sonne,
mit ihrer Strahlen
eitler Wonne,
durch Haupt und Scheitel
drang mir ein,
bis in des Herzens
tiefsten Schrein.
Was dort in keuscher Nacht
dunkel verschlossen wacht,

was ohne Wiss' und Wahn
ich dämmernd dort empfahn:
ein Bild, das meine Augen
zu sehn sich nicht getrauten,
von des Tages Schein betroffen
lag mir's da schimmernd offen.
Was mir so rühmlich
schien und hehr,
das rühmt ich hell
vor allem Heer;
vor allem Volke
pries ich laut
der Erde schönste
Königin.
Dem Neid, den mir
der Tag erweckt';
dem Eifer, den
mein Glücke schreckt';
der Mißgunst, die mir Ehren
und Ruhm begann zu schweren:
denen bot ich Trotz,
und treu beschloß,
um Ehr und Ruhm zu wahren,
nach Irland ich zu fahren.

Isolde.

O eitler Tagesknecht!
Getäuscht von ihm,
der dich getäuscht,

wie mußt' ich liebend
um dich leiden,
den, in des Tages
falschem Prangen,
von seines Gleißens
Trug befangen,
dort, wo ihn Liebe
heiß umfaßte,
im tiefsten Herzen
hell ihn haßte.
Ach, in des Herzens Grunde
wie schmerzte tief die Wunde!
Den dort ich heimlich barg,
wie dünkt' er mich so arg,
wenn in des Tages Scheine
der treu gehegte Eine
der Liebe Blicken schwand,
als Feind nur vor mir stand!
Das als Verräter
dich mir wies,
dem Licht des Tages
wollt ich entfliehn,
dorthin in die Nacht
dich mit mir ziehn,
wo der Täuschung Ende
mein Herz mir verhieß;
wo des Trugs geahnter
Wahn zerrinne;

dort dir zu trinken
ew'ge Minne,
mit mir dich im Verein
wollt ich dem Tode weihn.

Tristan.

In deiner Hand
den süßen Trank,
als ich ihn erkannt,
den sie mir bot;
als mir die Ahnung
hehr und gewiß
zeigte, was mir
die Sühne verhieß:
da erdämmerte mild
erhab'ner Macht
im Busen mir die Nacht;
mein Tag war da vollbracht.

Isolde.

Doch ach, dich täuschte
der falsche Trank,
daß dir von neuem
die Nacht versank:
dem einzig am Tode lag,
den gab er wieder dem Tag!

Tristan.

O Heil dem Tranke!
Heil seinem Saft!
Heil seines Zaubers

hehrer Kraft!
Durch des Todes Tor,
wo er mir floß,
weit und offen
er mir erschloß,
darin ich sonst nur träumend gewacht,
das Wunderreich der Nacht;
von dem Bild in des Herzens
bergendem Schrein
scheucht' er des Tages
täuschenden Schein,
daß nachtsichtig mein Auge
wahr es zu sehen tauge.

Isolde.

Doch es rächte sich
der verscheuchte Tag;
mit deinen Sünden
Rats er pflag:
was dir gezeigt
die dämmernde Nacht,
an des Tagsgestirnes
Königsmacht
mußtest du's übergeben, –
um einsam
in öder Pracht
schimmernd dort zu leben. –
Wie ertrug ich's nur?
Wie ertrag' ich's noch?

Tristan.

O nun waren wir
Nachtgeweihte!
Der tückische Tag,
der Neid-bereite,
trennen konnt uns sein Trug,
doch nicht mehr täuschen sein Lug!
Seine eitle Pracht,
seinen prahlenden Schein
verlacht, wem die Nacht
den Blick geweiht.
Seines flackernden Lichtes
flüchtige Blitze
blenden uns nicht mehr.
Wer des Todes Nacht
liebend erschaut,
wem sie ihr tief
Geheimnis vertraut:
des Tages Lügen,
Ruhm und Ehr,
Macht und Gewinn,
so schimmernd hehr,
wie eitler Staub der Sonnen
sind sie vor dem zersponnen!
In des Tages eitlem Wähnen
bleibt ihm ein einzig Sehnen, –
das Sehnen hin
zur heil'gen Nacht,

wo ur-ewig,
einzig wahr,
Liebeswonne ihm lacht!

Tristan zieht Isolde sanft zur Seite auf eine Blumenbank nieder, senkt sich vor ihr auf die Knie und schmiegt sein Haupt in ihren Arm.

Beide.

O sink hernieder,
Nacht der Liebe,
gib Vergessen,
daß ich lebe,
nimm mich auf
in deinen Schoß,
löse von
der Welt mich los!

Tristan.

Verloschen nun
die letzte Leuchte;

Isolde.

was wir dachten,
was uns deuchte;

Tristan.

all Gedenken –

Isolde.

all Gemahnen –

Beide.

heil'ger Dämm'rung

hehres Ahnen
löscht des Wähnens Graus
welterlösend aus.

Isolde.

Barg im Busen
uns sich die Sonne,
leuchten lachend
Sterne der Wonne.

Tristan.

Von deinem Zauber
sanft umsponnen,
vor deinen Augen
süß zerronnen;

Isolde.

Herz an Herz dir,
Mund an Mund;

Tristan.

eines Atems
ein'ger Bund;

Beide.

bricht mein Blick sich
Wonn-erblindet,
erbleicht die Welt
mit ihrem Blenden:

Isolde.

die uns der Tag
trügend erhellt,

Tristan.

zu täuschendem Wahn
entgegen gestellt,

Beide.

selbst dann
bin ich die Welt:
wonnehehrstes Weben,
Liebe-heiligstes Leben,
Nie-wieder-Erwachens
wahnlos
hold bewußter Wunsch.

Tristan und Isolde versinken wie in gänzlicher Entrücktheit, in der sie, Haupt an Haupt auf die Blumenbank zurückgelehnt, verweilen.

Brangäne *von der Zinne her unsichtbar.*

Einsam wachend
in der Nacht,
wem der Traum
der Liebe lacht,
hab der Einen
Ruf in Acht,
die den Schläfern
Schlimmes ahnt,
bange zum
Erwachen mahnt.
Habet Acht!
Habet acht!
Bald entweicht die Nacht!

Isolde.

Lausch, Geliebter!

Tristan.

Laß mich sterben!

Isolde *allmählich sich ein wenig erhebend.*

Neid'sche Wache!

Tristan *zurückgelehnt bleibend.*

Nie erwachen!

Isolde.

Doch der Tag
muß Tristan wecken?

Tristan *ein wenig das Haupt erhebend.*

Laß den Tag
dem Tode weichen!

Isolde.

Tag und Tod,
mit gleichen Streichen,
sollten unsre
Lieb' erreichen?

Tristan *sich mehr aufrichtend.*

Unsre Liebe?
Tristans Liebe?
Dein und mein,
Isoldes Liebe?
Welches Todes Streichen
könnte je sie weichen?
Stünd er vor mir,
der mächt'ge Tod,

wie er mir Leib
und Leben bedroht, –
die ich so willig
der Liebe lasse,
wie wäre seinen Streichen
die Liebe selbst zu erreichen?

Immer inniger mit dem Haupt sich an Isolde schmiegend.

Stürb ich nun ihr,
der so gern ich sterbe,
wie könnte die Liebe
mit mir sterben,
die ewig lebende
mit mir enden?
Doch, stürbe nie seine Liebe,
wie stürbe dann Tristan
seiner Liebe?

Isolde.

Doch – unsre Liebe,
heißt sie nicht Tristan
und – Isolde?
Dies süße Wörtlein: und,
was es bindet,
der Liebe Bund,
wenn Tristan stürb,
zerstört es nicht der Tod?

Tristan.

Was stürbe dem Tod,

als was uns stört,
was Tristan wehrt,
Isolde immer zu lieben,
ewig ihr nur zu leben?

Isolde.

Doch, dieses Wörtlein: und,
wär es zerstört,
wie anders als
mit Isoldes eig'nem Leben
wär Tristan der Tod gegeben?

Tristan zieht, mit bedeutungsvoller Gebärde, Isolde sanft an sich.

Tristan.

So starben wir,
um ungetrennt,
ewig einig
ohne End',
ohn Erwachen,
ohn Erbangen,
namenlos
in Lieb' umfangen,
ganz uns selbst gegeben,
der Liebe nur zu leben!

Isolde *wie in sinnender Entrücktheit zu ihm aufblickend.*

So stürben wir,
um ungetrennt –

Tristan.
ewig einig
ohne End –,
Isolde.
ohn Erwachen –
Tristan.
ohn Erbangen –,
Beide.
namenlos
in Lieb' umfangen,
ganz uns selbst gegeben,
der Liebe nur zu leben!
Isolde neigt wie überwältigt das Haupt an seine Brust.
Brangäne *Stimme wie vorher.*
Habet Acht!
Habet Acht!
Schon weicht dem Tag die Nacht!
Tristan *lächelnd zu ihr geneigt.*
Soll ich lauschen?
Isolde *schwärmerisch zu ihm aufblickend.*
Laß mich sterben!
Tristan *ernster.*
Muß ich wachen?
Isolde *bewegter.*
Nie erwachen!

Tristan *drängender.*

Soll der Tag
noch Tristan wecken?

Isolde *begeistert.*

Laß den Tag
dem Tode weichen!

Tristan.

Soll der Tod
mit seinen Streichen
ewig uns
den Tag verscheuchen?

Isolde.

Der uns vereint,
den ich dir bot,
laß ihm uns weihn,
dem süßen Tod!
Mußte er uns
das eine Tor,
an dem wir standen, verschließen;
zu der rechten Tür,
die uns Minne erkor
hat sie den Weg nun gewiesen.

Tristan.

Des Tages Dräuen
nun trotzten wir so?

Isolde *mit wachsender Begeisterung.*

Seinem Trug ewig zu fliehn.

Tristan.

Sein dämmernder Schein
verscheuchte uns nie?

Isolde *mit großer Gebärde ganz sich erhebend.*

Ewig wär uns die Nacht!

Beide.

**O ew'ge Nacht,
süße Nacht!
Hehr erhab'ne
Liebesnacht!
Wen du umfangen,
wem du gelacht,
wie wär ohne Bangen
aus dir er je erwacht?
Nun banne das Bangen,
holder Tod,
sehnend verlangter
Liebestod!
In deinen Armen,
dir geweiht,
urheilig Erbarmen,
von Erwachens Not befreit!
Wie sie fassen,
wie sie lassen,
diese Wonne,
fern der Sonne,
fern der Tage
Trennungsklage!**

Ohne Wähnen,
sanftes Sehnen;
ohne Bangen,
süß Verlangen;
ohne Wehen
hehr Vergehen;
ohne Schmachten
hold Umnachten;
ohne Meiden,
ohne Scheiden,
traut allein,
ewig heim,
in ungemess'nen Räumen
übersel'ges Träumen. –

Isolde.

Du Isolde,
Tristan ich,
nicht mehr Isolde!

Tristan.

Du Tristan,
Isolde ich,
nicht mehr Tristan!

Beide.

Ohne Nennen,
ohne Trennen,
neu Erkennen,
neu Entbrennen;
endlos ewig

ein-bewußt:
heiß erglühter Brust,
höchste Liebeslust!

Sie verbleiben in verzückter Stellung.

Dritte Szene

Brangäne stößt einen grellen Schrei aus. – Kurwenal stürzt mit entblößtem Schwerte herein.

Kurwenal.

Rette dich, Tristan!

Er blickt mit Entsetzen hinter sich in die Szene zurück Marke, Melot und Hofleute (in Jägertracht) kommen aus dem Baumgange lebhaft nach dem Vordergrunde und halten entsetzt der Gruppe der Liebenden gegenüber an. Brangäne kommt zugleich von der Zinne herab und stürzt auf Isolde zu. Diese, von unwillkürlicher Scham ergriffen, lehnt sich, mit abgewandtem Gesicht, auf die Blumenbank. Tristan, in ebenfalls unwillkürlicher Bewegung, streckt mit dem einen Arme den Mantel breit aus, so daß er Isolde vor den Blicken der Ankommenden verdeckt. In dieser Stellung verbleibt er längere Zeit, unbeweglich den starren Blick auf die Männer gerichtet, die in verschiedener Bewegung die Augen auf ihn heften. – Morgendämmerung.

Tristan.

Der öde Tag
zum letzten Mal!

Melot *zu Marke.*

Das sollst du, Herr, mir sagen,
ob ich ihn recht verklagt;
das dir zum Pfand ich gab,
ob ich mein Haupt gewahrt?
Ich zeigt' ihn dir
in off'ner Tat:
Namen und Ehr
hab ich getreu
vor Schande dir bewahrt.

Marke *nach tiefer Erschütterung, mit bebender Stimme.*

Tatest du's wirklich?
Wähnst du das?
Sieh ihn dort,
den treu'sten aller Treuen;
blick auf ihn,
den freundlichsten der Freunde:
seiner Treue
frei'ste Tat
traf mein Herz
mit schmerzlichstem Verrat!
Trog mich Tristan,
sollt' ich hoffen,
was sein Trügen

mir getroffen,
sei durch Melots Rat
redlich mir bewahrt?

Tristan *krampfhaft heftig.*

Tagsgespenster!
Morgenträume! –
täuschend und wüst –!
Entschwebt! Entweicht!

Marke ***mit tiefer Ergriffenheit.***

Mir dies?
Dies, Tristan, mir?
Wohin nun Treue,
da Tristan mich betrog?
Wohin nun Ehr
und echte Art,
da aller Ehren Hort,
da Tristan sie verlor?
Die Tristan sich
zum Schild erkor,
wohin ist Tugend
nun entflohn,
da meinen Freund sie flieht,
da Tristan mich verriet?

Tristan senkt langsam den Blick zu Boden; in seinen Mienen ist, während Marke fortfährt, zunehmende Trauer zu lesen.

Wozu die Dienste
ohne Zahl,

der Ehren Ruhm,
der Größe Macht,
die Marken du gewannst;
mußt' Ehr und Ruhm,
Größ' und Macht,
mußte die Dienste
ohne Zahl
dir Markes Schmach bezahlen?
Dünkte zu wenig
dich mein Dank,
daß, was du mir erworben,
Ruhm und Reich,
ich zu Erb' und Eigen dir gab?
Da kinderlos einst
schwand sein Weib,
so liebt' er dich,
daß nie auf's neu
sich Marke wollt vermählen.
Da alles Volk
zu Hof und Land
mit Bitt' und Dräuen
in ihn drang,
die Königin dem Lande
die Gattin sich zu kiesen;
da selber du
den Ohm beschworst,
des Hofes Wunsch,
des Landes Willen

gütlich zu erfüllen;
in Wehr wider Hof und Land,
in Wehr selbst gegen dich,
mit List und Güte
weigerte er sich, –
bis, Tristan, du ihm drohtest,
für immer zu meiden
Hof und Land,
würdest du selber
nicht entsandt,
dem König die Braut zu frei'n.
Da ließ er's denn so sein. –
Dies wundervolle Weib,
das mir dein Mut gewann,
wer durft es sehen,
wer es kennen,
wer mit Stolze
sein es nennen,
ohne selig sich zu preisen?
Der mein Wille
nie zu nahen wagte,
der mein Wunsch
ehrfurchtscheu entsagte,
die so herrlich,
hold erhaben
mir die Seele
mußte laben,
trotz Feind und Gefahr

die fürstliche Braut
brachtest du mir dar.
Nun, da durch solchen
Besitz mein Herz
du fühlsamer schufst
als sonst dem Schmerz,
dort, wo am weichsten,
zart und offen,
würd' ich getroffen,
nie zu hoffen,
daß je ich könnte gesunden:
warum so sehrend,
Unseliger,
dort nun mich verwunden?
Dort mit der Waffe
quälendem Gift,
das Sinn und Hirn
mir sengend versehrt,
das mir dem Freund
die Treue verwehrt,
mein off'nes Herz
erfüllt mit Verdacht,
daß ich nun heimlich
in dunkler Nacht
den Freund lauschend beschleiche, –
meiner Ehren Ende erreiche?
Die kein Himmel erlöst,
warum mir diese Hölle?

Die kein Elend sühnt,
warum mir diese Schmach?
Den unerforschlich tief
geheimnisvollen Grund,
wer macht der Welt ihn kund?

Tristan *mitleidig das Auge zu Marke erhebend.*

O König, das
kann ich dir nicht sagen;
und was du frägst,
das kannst du nie erfahren.

Er wendet sich zu Isolde, die sehnsüchtig zu ihm aufblickt.

Wohin nun Tristan scheidet,
willst du, Isold', ihm folgen?
Dem Land, das Tristan meint,
der Sonne Licht nicht scheint:
es ist das dunkel
nächt'ge Land,
daraus die Mutter
mich entsandt,
als, den im Tode
sie empfangen,
im Tod sie ließ
an das Licht gelangen.
Was, da sie mich gebar,
ihr Liebesberge war,
das Wunderreich der Nacht,
aus der ich einst erwacht:

das bietet dir Tristan,
dahin geht er voran:
ob sie ihm folge
treu und hold?
Das sag' ihm nun Isold'!

Isolde.

Als für ein fremdes Land
der Freund sie einstens warb,
dem Unholden
treu und hold
mußt' Isolde folgen.
Nun führst du in dein Eigen,
dein Erbe mir zu zeigen;
wie flöh' ich wohl das Land,
das alle Welt umspannt?
Wo Tristans Haus und Heim,
da kehr Isolde ein;
auf dem sie folge
treu und hold,
den Weg nun zeig Isold'!

Tristan neigt sich langsam über sie und küßt sie sanft auf die Stirn. – Melot fährt wütend auf.

Melot *das Schwert ziehend.*

Verräter! ha!
Zur Rache, König!
Duldest du diese Schmach?

Tristan zieht sein Schwert und wendet sich schnell um.

Tristan.

Wer wagt sein Leben an das meine?

Er heftet den Blick auf Melot.

Mein Freund war der,
er minnte mich hoch und teuer;
um Ehr und Ruhm
mir war er besorgt wie keiner:
zum Übermut
trieb er mein Herz,
die Schar führt' er,
die mich gedrängt,
Ehr und Ruhm mir zu mehren,
dem König dich zu vermählen! –
Dein Blick, Isolde,
blendet' auch ihn;
aus Eifer verriet
mich der Freund –
dem König, den ich verriet!

Er dringt auf Melot ein.

Wehr dich, Melot!

Als Melot ihm das Schwert entgegenstreckt, läßt Tristan das seinige fallen und sinkt verwundet in Kurwenals Arme. Isolde stürzt sich an seine Brust. Marke hält Melot zurück. – Der Vorhang fällt schnell.

Dritter Aufzug

Erste Szene

Burggarten.

Zur einen Seite hohe Burggebäude, zur andern eine niedrige Mauerbrüstung, von einer Warte unterbrochen; im Hintergrunde das Burgtor. Die Lage ist auf felsiger Höhe anzunehmen; durch Öffnungen blickt man auf einen weiten Meereshorizont. Das Ganze macht den Eindruck der Herrenlosigkeit, übel gepflegt, hie und da schadhaft und bewachsen. Im Vordergrunde, an der inneren Seite, liegt Tristan, unter dem Schatten einer großen Linde, auf einem Ruhebett schlafend, wie leblos ausgestreckt. Zu Häupten ihm sitzt Kurwenal, in Schmerz über ihn hingebeugt und sorgsam seinem Atem lauschend. – Von der Außenseite hört man einen Hirtenreigen geblasen. Der Hirt erscheint mit dem Oberleibe über der Mauerbrüstung und blickt teilnehmend herein.

Hirt *leise.*

Kurwenal! He!
Sag, Kurwenal!
Hör doch, Freund! –

Kurwenal wendet ein wenig das Haupt nach ihm.

Wacht er noch nicht?

Kurwenal *schüttelt traurig mit dem Kopf.*

Erwachte er,
wär's doch nur
um für immer zu verscheiden: –
erschien zuvor
die Ärztin nicht,
die einz'ge, die uns hilft. –
Sahst du noch nichts?
Kein Schiff noch auf der See?

Hirt.

Eine andre Weise
hörtest du dann,
so lustig, als ich sie nur kann. –
Nun sag auch ehrlich,
alter Freund:
was hat's mit uns'rem Herrn?

Kurwenal.

Laß die Frage: –
du kannst's doch nie erfahren.
Eifrig späh';
und siehst du ein Schiff,
so spiele lustig und hell!

Der Hirt wendet sich und späht, mit der Hand überm Aug', nach dem Meer aus.

Hirt.

Öd und leer das Meer!

Er setzt die Schalmei an und entfernt sich blasend.

Tristan *bewegungslos, dumpf.*

Die alte Weise –;
was weckt sie mich?

Er schlägt die Augen auf und wendet das Haupt ein wenig.

Kurwenal *fährt erschrocken auf.*

Ha!

Tristan.

Wo bin ich?

Kurwenal.

Ha! diese Stimme!
Seine Stimme!
Tristan! Herre!
Mein Held! Mein Tristan!

Tristan *mit Anstrengung.*

Wer ruft mich?

Kurwenal.

Endlich! Endlich!
Leben, o Leben!
Süßes Leben,
meinem Tristan neu gegeben!

Tristan.

Kurwenal – du?
Wo war ich?
Wo – bin ich?

Kurwenal.

Wo du bist?
In Frieden, sicher und frei!

Kareol, Herr:
kennst du die Burg
der Väter nicht?

Tristan.

Meiner Väter?

Kurwenal.

Sieh dich nur um!

Tristan.

Was erklang mir?

Kurwenal.

Des Hirten Weise
hörtest du wieder;
am Hügel ab
hütet er deine Herde.

Tristan.

Meine Herde?

Kurwenal.

Herr, das mein ich!
Dein das Haus,
Hof und Burg!
Das Volk, getreu
dem trauten Herrn,
so gut es konnt,
hat's Haus und Hof gepflegt,
das einst mein Held
zu Erb und Eigen
an Leut' und Volk verschenkt,

als Alles er verließ,
in fremde Land' zu ziehn.

Tristan.

In welches Land?

Kurwenal.

Hei! Nach Kornwall:
kühn und wonnig,
was sich da Glanzes,
Glückes und Ehren
Tristan, mein Held, hehr ertrotzt!

Tristan.

Bin ich in Kornwall?

Kurwenal.

Nicht doch: in Kareol!

Tristan.

Wie kam ich her?

Kurwenal.

Hei nun! Wie du kamst?
Zu Roß rittest du nicht;
ein Schifflein führte dich her:
doch zu dem Schifflein
hier auf den Schultern
trug ich dich; – die sind breit:
sie trugen dich dort zum Strand.
Nun bist du daheim, daheim zu Land:
im echten Land,
im Heimatland;
auf eig'ner Weid und Wonne,

im Schein der alten Sonne,
darin von Tod und Wunden
du selig sollst gesunden.

Er schmiegt sich an Tristans Brust.

Tristan.

Dünkt dich das?
Ich weiß es anders:
doch kann ich's dir nicht sagen.
Wo ich erwacht –
weilt ich nicht;
doch, wo ich weilte,
das kann ich dir nicht sagen.
Die Sonne sah ich nicht,
noch sah ich Land und Leute:
doch, was ich sah –
das kann ich dir nicht sagen.
Ich war,
wo ich von je gewesen,
wohin auf je ich geh:
im weiten Reich
der Weltennacht.
Nur ein Wissen
dort uns eigen: –
göttlich ew'ges
Urvergessen!
Wie schwand mir seine Ahnung?
Sehnsücht'ge Mahnung,
nenn ich dich,

die neu dem Licht
des Tags mich zugetrieben?
Was einzig mir geblieben,
ein heiß-inbrünstig Lieben,
aus Todeswonne Grauen
jagt's mich, das Licht zu schauen,
das trügend hell und golden
noch dir, Isolden, scheint!
Isolde noch
im Reich der Sonne!
Im Tagesschimmer
noch Isolde!
Welches Sehnen!
Welches Bangen!
Sie zu sehen,
welch Verlangen!
Krachend hört ich
hinter mir
schon des Todes
Tor sich schließen: –
weit nun steht es
wieder offen,
der Sonne Strahlen
sprengt' es auf;
mit hell erschloss'nen Augen
muß ich der Nacht enttauchen –,
sie zu suchen,
sie zu sehen;

sie zu finden,
in der einzig
zu vergehen,
zu entschwinden
Tristan ist vergönnt.
Weh, nun wächst,
bleich und bang,
mir des Tages
wilder Drang;
grell und täuschend
sein Gestirn
weckt zu Trug
und Wahn mir das Hirn.
Verfluchter Tag
mit deinem Schein!
Wachst du ewig
meiner Pein?
Brennt sie ewig,
diese Leuchte,

Allmählich abnehmend.

die selbst nachts
von ihr mich scheuchte?
Ach, Isolde,
süße Holde!
Wann endlich,
wann, ach wann?
löschest du die Zünde, –

Immer mehr ermattend.

daß sie mein Glück mir künde?
Das Licht – wann löscht es aus?
Er sinkt erschöpft leise zurück.
Wann wird es Ruh im Haus?

Kurwenal *nach großer Erschütterung aus der Niedergeschlagenheit sich aufraffend.*

Der einst ich trotzt,
aus Treu' zu dir,
mit dir nach ihr
nun muß ich mich sehnen.
Glaub meinem Wort:
du sollst sie sehen,
hier und heut;
den Trost kann ich dir geben –
ist sie nur selbst noch am Leben.

Tristan *sehr matt.*

Noch losch das Licht nicht aus, –
noch ward's nicht Nacht im Haus:
Isolde lebt und wacht; –
sie rief mich aus der Nacht.

Kurwenal.

Lebt sie denn,
so laß dir Hoffnung lachen!
Muß Kurwenal dumm dir gelten,
heut sollst du ihn nicht schelten.
Wie tot lagst du
seit dem Tag,
da Melot der Verruchte

dir eine Wunde schlug.
Die böse Wunde,
wie sie heilen?
Mir tör'gem Manne
dünkt es da,
wer einst dir Morolds
Wunde schloß,
der heilte leicht die Plagen,
von Melots Wehr geschlagen.
Die beste Ärztin
bald ich fand;
nach Kornwall hab ich
ausgesandt:
ein treuer Mann
wohl über's Meer
bringt dir Isolden her.

Tristan *außer sich.*

Isolde kommt!
Isolde naht!

Er ringt gleichsam nach Sprache.

O Treue! Hehre,
holde Treue!

Er zieht Kurwenal an sich und umarmt ihn.

Mein Kurwenal,
du trauter Freund!
Du Treuer ohne Wanken,
wie soll dir Tristan danken?
Mein Schild, mein Schirm

im Kampf und Streit,
zu Lust und Leid
mir stets bereit:
wen ich gehaßt,
den haßtest du;
wen ich geminnt,
den minntest du.
Dem guten Marke,
dient ich ihm hold –,
wie warst du ihm treuer als Gold!
Mußt ich verraten
den edlen Herrn,
wie betrogst du ihn da so gern!
Dir nicht eigen,
einzig mein,
mit leidest du,
wenn ich leide:
nur was ich leide,
das – kannst du nicht leiden!
Dies furchtbare Sehnen,
das mich sehrt;
dies schmachtende Brennen,
das mich zehrt;
wollt ich dir's nennen,
könntest du's kennen: –
nicht dort würdest du weilen,
zur Warte müßtest du eilen,
mit allen Sinnen

sehnend von hinnen
nach dorten trachten und spähen,
wo ihre Segel sich blähen,
wo vor den Winden,
mich zu finden,
von der Liebe Drang befeuert,
Isolde zu mir steuert! –
Es naht! Es naht –
mit mutiger Hast!
Sie weht, sie weht –
die Flagge am Mast!
Das Schiff! Das Schiff!
Dort streicht es am Riff!
Siehst du es nicht?

Heftig.

Kurwenal! Siehst du es nicht?

Als Kurwenal, um Tristan nicht zu verlassen, zögert und dieser in schweigender Spannung auf ihn blickt, ertönt, wie zu Anfang, die klagende Weise des Hirten.

Kurwenal *niedergeschlagen.*

Noch ist kein Schiff zu sehn!

Tristan *hat mit abnehmender Aufregung gelauscht und beginnt nun mit wachsender Schwermut.*

Muß ich dich so verstehn,
du alte ernste Weise,
mit deiner Klage Klang?

Durch Abendwehen
drang sie bang,
als einst dem Kind
des Vaters Tod verkündet; –
durch Morgengrauen
bang und bänger,
als der Sohn
der Mutter Los vernahm. –
Da er mich zeugt' und starb,
sie sterbend mich gebar, –
die alte Weise
sehnsuchtbang
zu ihnen wohl
auch klagend drang,
die einst mich frug,
und jetzt mich frägt:
zu welchem Los erkoren,
ich damals wohl geboren?
Zu welchem Los?
Die alte Weise
sagt mir's wieder: –
mich sehnen – und sterben!
Nein! Ach nein!
So heißt sie nicht!
Sehnen! Sehnen!
Im Sterben mich zu sehnen,
vor Sehnsucht nicht zu sterben! –
Die nie erstirbt,

sehnend nun ruft
um Sterbens Ruh
sie der fernen Ärztin zu. –
Sterbend lag ich
stumm im Kahn,
der Wunde Gift,
dem Herzen nah: –
Sehnsucht klagend
klang die Weise;
das Segel blähte der Wind
hin zu Irlands Kind.
Die Wunde, die
sie heilend schloß,
riß mit dem Schwert
sie wieder los;
das Schwert dann aber –
ließ sie sinken;
den Gifttrank gab sie
mir zu trinken:
wie ich da hoffte
ganz zu genesen,
da war der sehrendste
Zauber erlesen:
daß nie ich sollte sterben,
mich ew'ger Qual vererben! –
Der Trank! Der Trank!
Der furchtbare Trank!
Wie vom Herz zum Hirn

er wütend mir drang.
Kein Heil nun kann,
kein süßer Tod
je mich befrein
von der Sehnsucht Not,
nirgends, ach nirgends
find ich Ruh:
mich wirft die Nacht
dem Tage zu,
um ewig an meinen Leiden
der Sonne Auge zu weiden.
O dieser Sonne
sengender Strahl,
wie brennt mir das Hirn
seine glühende Qual!
Für dieser Hitze
heißes Verschmachten,
ach, keines Schattens
kühlend Umnachten!
Für dieser Schmerzen
schreckliche Pein,
welcher Balsam sollte
mir Lind'rung verleihn?
Den furchtbaren Trank,
der der Qual mich vertraut,
ich selbst – ich selbst,
ich hab ihn gebraut!
Aus Vaters Not

und Mutter-Weh, –
aus Liebestränen
eh und je –
aus Lachen und Weinen,
Wonnen und Wunden,
hab ich des Trankes
Gifte gefunden!
Den ich gebraut,
der mir geflossen,
den Wonne schlürfend
je ich genossen, –
verflucht sei, furchtbarer Trank!
Verflucht, wer dich gebraut!

Er sinkt ohnmächtig zurück.

Kurwenal *der vergebens Tristan zu mäßigen suchte, schreit entsetzt auf.*
Mein Herre! Tristan!
Schrecklicher Zauber!
O Minnetrug!
O Liebeszwang!
Der Welt holdester Wahn!
Wie ist's um dich getan!
Hier liegt er nun,
der wonnige Mann,
der wie keiner geliebt und geminnt.
Nun seht, was von ihm
sie Dankes gewann,
was je Minne je gewinnt!

Mit schluchzender Stimme.
Bist du nun tot?
Lebst du noch?
Hat dich der Fluch entführt?
Er lauscht seinem Atem.
O Wonne! Nein!
Er regt sich, er lebt! –
Wie sanft er die Lippen rührt!
Tristan.
Das Schiff? Siehst du's noch nicht?
Kurwenal.
Das Schiff? Gewiß,
es naht noch heut:
es kann nicht lang mehr säumen.
Tristan.
Und drauf Isolde,
wie sie winkt –
wie sie hold
mir Sühne trinkt –:
siehst du sie?
Siehst du sie noch nicht?
Wie sie selig,
hehr und milde
wandelt durch
des Meers Gefilde?
Auf wonniger Blumen
lichten Wogen
kommt sie sanft

ans Land gezogen.
Sie lächelt mir Trost
und süße Ruh,
sie führt mir letzte
Labung zu.
Ach, Isolde! Isolde!
Wie schön bist du!
Und Kurwenal, wie,
du sähst sie nicht?
Hinauf zur Warte,
du blöder Wicht!
Was so hell und licht ich sehe,
daß das dir nicht entgehe!
Hörst du mich nicht?
Zur Warte schnell!
Eilig zur Warte!
Bist du zur Stell?
Das Schiff? Das Schiff?
Isoldens Schiff?
Du mußt es sehen!
Mußt es sehen!
Das Schiff? Sähst du's noch nicht?

Während Kurwenal noch zögernd mit Tristan ringt, läßt der Hirt von außen die Schalmei ertönen. Kurwenal springt freudig auf.

Kurwenal.

O Wonne! Freude!

Er stürzt auf die Warte und späht aus.

Ha! Das Schiff!
Von Norden seh ich's nahen.

Tristan.
Wußt ich's nicht?
Sagt ich's nicht?
Daß sie noch lebt,
noch Leben mir webt?
Die mir Isolden
einzig enthält,
wie wär Isolde
mir aus der Welt?

Kurwenal *jauchzend.*
Hahei! Heiha!
Wie es mutig steuert!
Wie stark das Segel sich bläht!
Wie es jagt, wie es fliegt!

Tristan.
Die Flagge? Die Flagge?

Kurwenal.
Der Freude Flagge
am Wimpel lustig und hell!

Tristan *auf dem Lager hoch sich aufrichtend.*
Hahei der Freude!
Hell am Tage
zu mir Isolde!
Isolde zu mir!
Siehst du sie selbst?

Kurwenal.

Jetzt schwand das Schiff
hinter dem Fels.

Tristan.

Hinter dem Riff?
Bringt es Gefahr?
Dort wütet die Brandung, –
– scheitern die Schiffe!
Das Steuer, wer führt's?

Kurwenal.

Der sicherste Seemann.

Tristan.

Verriet er mich?
Wär er Melots Genoß?

Kurwenal.

Trau ihm wie mir!

Tristan.

Verräter auch du! –
Unsel'ger!
Siehst du sie wieder?

Kurwenal.

Noch nicht.

Tristan.

Verloren!

Kurwenal *jauchzend.*

Heiha! Heihahaha!
Vorbei! Vorbei!
Glücklich vorbei!

Tristan *jauchzend.*

Heihahaha! Kurwenal,
treuester Freund!
All mein Hab und Gut
vererb ich noch heute.

Kurwenal.

Sie nahen im Flug.

Tristan.

Siehst du sie endlich?
Siehst du Isolde?

Kurwenal.

Sie ist's! Sie winkt!

Tristan.

O seligstes Weib!

Kurwenal.

Im Hafen der Kiel!
Isolde, ha!
mit einem Sprung
springt sie vom Bord an Land.

Tristan.

Herab von der Warte,
müßiger Gaffer!
Hinab! Hinab
an den Strand!
Hilf ihr! Hilf meiner Frau!

Kurwenal.

Sie trag ich herauf:
trau meinen Armen!

Doch du, Tristan,
bleib mir treulich am Bett!

Kurwenal eilt fort.

Zweite Szene

Tristan *in höchster Aufregung auf dem Lager sich mühend.*

O diese Sonne!
Ha! dieser Tag!
Ha, dieser Wonne
sonnigster Tag!
Jagendes Blut,
jauchzender Mut!
Lust ohne Maßen,
freudiges Rasen!
Auf des Lagers Bann
wie sie ertragen!
Wohlauf und daran,
wo die Herzen schlagen!
Tristan der Held,
in jubelnder Kraft,
hat sich vom Tod
emporgerafft.

Er richtet sich hoch auf.

Mit blutender Wunde
bekämpft ich einst Morolden:
mit blutender Wunde
erjag ich mir heut Isolden!

Er reißt sich den Verband der Wunde auf.

Heia, mein Blut!
Lustig nun fließe!
Er springt vom Lager herab und schwankt vorwärts.
Die mir die Wunde
ewig schließe, –
sie naht wie ein Held,
sie naht mir zum Heil!
Vergeh die Welt
meiner jauchzenden Eil!
Er taumelt nach der Mitte der Bühne.
Isolde *von außen rufend.*
Tristan! Geliebter!
Tristan *in der furchtbarsten Aufregung.*
Wie, hör ich das Licht?
Die Leuchte, ha!
Die Leuchte verlischt.
Zu ihr! Zu ihr!
Isolde eilt atemlos herein. Tristan, seiner nicht mächtig, stürzt sich ihr schwankend entgegen. In der Mitte der Bühne begegnen sie sich; sie empfängt ihn in ihren Armen. – Tristan sinkt langsam in ihren Armen zu Boden.
Isolde.
Tristan! Ha!
Tristan *sterbend zu ihr aufblickend.*
Isolde!

Er stirbt.

Isolde.

Ha! Ich bin's, ich bin's –,
süßester Freund!
Auf, noch einmal
hör meinen Ruf!
Isolde ruft;
Isolde kam
mit Tristan treu zu sterben!
Bleibst du mir stumm?
Nur eine Stunde!
Nur eine Stunde
bleib mir wach!
So bange Tage
wachte sie sehnend,
um eine Stunde
mit dir noch zu wachen: –
betrügt Isolden,
betrügt sie Tristan
um dieses einzige
ewig kurze
letzte Weltenglück? –
Die Wunde? Wo?
Laß sie mich heilen!
Daß wonnig und hehr
die Nacht wir teilen;
nicht an der Wunde,
an der Wunde stirb mir nicht:

uns beiden vereint
erlösche das Lebenslicht! –
Gebrochen der Blick –!
Still das Herz!
Nicht eines Atems
flücht'ges Wehn!
Muß sie nun jammernd
vor dir stehn,
die sich wonnig dir zu vermählen
mutig kam über's Meer?
Zu spät!
Trotziger Mann!
Strafst du mich so
mit härtestem Bann?
Ganz ohne Huld
meiner Leidensschuld?
Nicht meine Klagen
darf ich dir sagen?
Nur einmal – ach! –
nur einmal noch! –
Tristan! – Ha! –
horch –! Er wacht!
Geliebter!

Sie sinkt bewußtlos über der Leiche zusammen.

Dritte Szene

Kurwenal war sogleich hinter Isolde zurückgckommen; sprachlos in furchtbarer Erschütterung hat er dem Auftritte beigewohnt und bewegungslos auf Tristan hingestarrt. – Aus der Tiefe hört man jetzt dumpfes Gemurmel und Waffengeklirr. – Der Hirt kommt über die Mauer gestiegen.

Hirt *hastig und leise sich zu Kurwenal wendend.*

Kurwenal!
Hör!
Ein zweites Schiff.

Kurwenal fährt heftig auf und blickt über die Brüstung, während der Hirt aus der Ferne erschüttert auf Tristan und Isolde sieht.

Kurwenal.

Tod und Hölle!

In Wut ausbrechend.

Alles zur Hand!
Marke und Melot
hab ich erkannt. –
Waffen, und Steine!
Hilf mir! Ans Tor!

Er eilt mit dem Hirten an das Tor, das sie in der Hast zu verrammeln suchen. stürzt herein.

Marke mir nach
mit Mann und Volk:
vergeb'ne Wehr,
bewältigt sind wir.

Kurwenal.

Stell dich und hilf!

So lang ich lebe,
lugt mir keiner herein!

Man hört Brangänens Stimme, außen, von unten her.

Brangäne.

Isolde! Herrin!

Kurwenal.

Brangänens Ruf?
Was suchst du hier?

Brangäne.

Schließ nicht, Kurwenal!
Wo ist Isolde?

Kurwenal.

Verrät'rin auch du?
Weh dir, Verruchte!

Melot ***außerhalb.***

Zurück, du Tor!
Stemm dich nicht dort!

Kurwenal *wütend auflachend.*

Heiahaha! Dem Tag,
an dem ich dich treffe!

Melot, mit gewaffneten Männern, erscheint unter dem Tor, Kurwenal stürzt sich auf ihn und streckt ihn zu Boden.

Stirb, schändlicher Wicht!

Melot.

Weh mir! Tristan!

Er stirbt.

Brangäne *noch außerhalb.*
Kurwenal! Wütender!
Hör, du betrügst dich!
Kurwenal.
Treulose Magd!
Zu den Seinen.
Drauf! Mir nach!
Werft sie zurück!
Sie greifen von neuem an.
Marke *außerhalb.*
Halte, Rasender!
Bist du von Sinnen?
Kurwenal.
Hier wütet der Tod!
Nichts andres, König,
ist hier zu holen:
willst du ihn kiesen, so komm!
Er dringt auf Marke und dessen Gefolge ein.
Marke *unter dem Tore mit Gefolge erscheinend.*
Zurück! Wahnsinniger!
Brangäne *hat sich seitwärts über die Mauer geschwungen und eilt in den Vordergrund.*
Isolde! Herrin!
Glück und Heil!
Was seh ich! Ha!
Lebst du? Isolde!

Sie müht sich um Isolde. – Marke mit seinem Gefolge hat Kurwenal mit dessen Helfern vom Tore zurückgetrieben und dringt herein.

Marke.

O Trug und Wahn!
Tristan! Wo bist du?

Kurwenal *schwer verwundet, schwankt vor Marke her nach dem Vordergrund.*

Da liegt er –
hier –, wo ich – liege.

Er sinkt bei Tristans Füßen zusammen.

Marke.

Tristan! Tristan!
Isolde! Weh!

Kurwenal *nach Tristans Hand fassend.*

Tristan! Trauter!
Schilt mich nicht –,
daß der Treue auch mitkommt!

Er stirbt.

Marke.

Tot denn alles!
Alles tot!
Mein Held, mein Tristan!
Trautester Freund,
auch heute noch
mußt du den Freund verraten?
Heut, wo er kommt,

die höchste Treue zu bewähren?
Erwache meinem Jammer!
Schluchzend über die Leiche sich herabbeugend.
Du treulos treu'ster Freund!
Brangäne *die in ihren Armen Isolde wieder zu sich gebracht.*
Sie wacht, sie lebt!
Isolde! hör mich,
vernimm meine Sühne!
Des Trankes Geheimnis
entdeckt ich dem König:
mit sorgender Eil'
stach er in See
dich zu erreichen,
dir zu entsagen,
dir zuzuführen den Freund.
Marke.
Warum, Isolde,
warum mir das?
Da hell mir enthüllt,
was zuvor ich nicht fassen konnt,
wie selig, daß den Freund
ich frei von Schuld da fand!
Dem holden Mann
dich zu vermählen,
mit vollen Segeln
flog ich dir nach.
Doch Unglückes

Ungestüm,
wie erreicht es, wer Frieden bringt?
Die Ernte mehrt ich dem Tod:
der Wahn häufte die Not.

Brangäne.

Hörst du uns nicht?
Isolde! Traute!
Vernimmst du die Treue nicht?

Isolde, die nichts um sie her vernommen, heftet das Auge mit wachsender Begeisterung auf Tristans Leiche.

Isolde.

Mild und leise
wie er lächelt,
wie das Auge
hold er öffnet –
seht ihr's, Freunde?
Säht ihr's nicht?
Immer lichter
wie er leuchtet,
Stern-umstrahlet
hoch sich hebt?
Seht ihr's nicht?
Wie das Herz ihm
mutig schwillt,
voll und hehr
im Busen ihm quillt?
Wie den Lippen,

wonnig mild,
süßer Atem
sanft entweht?
Freunde! Seht!
Fühlt und seht ihr's nicht? –
Höre ich nur
diese Weise,
die so wunder-
voll und leise,
Wonne klagend,
Alles sagend,
mild versöhnend
aus ihm tönend
in mich dringet,
auf sich schwinget,
hold erhallend
um mich klinget?
Heller schallend,
mich umwallend,
sind es Wellen
sanfter Lüfte?
Sind es Wolken
wonniger Düfte?
Wie sie schwellen,
mich umrauschen,
soll ich atmen,
soll ich lauschen?
Soll ich schlürfen,

untertauchen?
Süß in Düften
mich verhauchen?
In dem wogenden Schwall,
in dem tönenden Schall,
in des Welt-Atems
wehendem All –,
ertrinken,
versinken –,
unbewußt –,
höchste Lust!

Isolde sinkt, wie verklärt, in Brangänes Armen, sanft auf Tristans Leiche. – Große Rührung und Entrücktheit unter den Umstehenden. – Der Vorhang fällt während der letzten Fermate.